Merci à Catherine Bon, artiste exceptionnelle,
pour sa participation.
D'un cœur de maman à l'autre.

V. S.

www.editionslito.com
Lito 41, rue de Verdun 94500 Champigny-sur-Marne
Loi n° 49-956 du 16 juillet 1949 sur les publications destinées à la jeunesse
Imprimé en UE - Dépôt légal : janvier 2021

LES ÉMOTIONS DE

LOULOUP ET LILI

Le crapaud **dégoûtant**

Virginie Sanchez

Editions Lito

Aujourd'hui,
le papa de Louloup a taillé dans une planchette deux splendides raquettes : une grande pour Louloup et une rikiki pour Lili. Le volant est bordé de petites plumes de canard ramassées au bord de l'étang.

— Allez, maintenant, c'est à vous les enfants !

Un bisou

de remerciement, puis Louloup
et Lili partent en courant.
Ils savent que non loin de l'étang,
un terrain dégagé les attend.
La partie peut enfin commencer !
Ils visent et frappent avec
leurs raquettes ce petit volant
qui n'en fait qu'à sa tête.
— Comme c'est drôle !
s'exclame Lili.

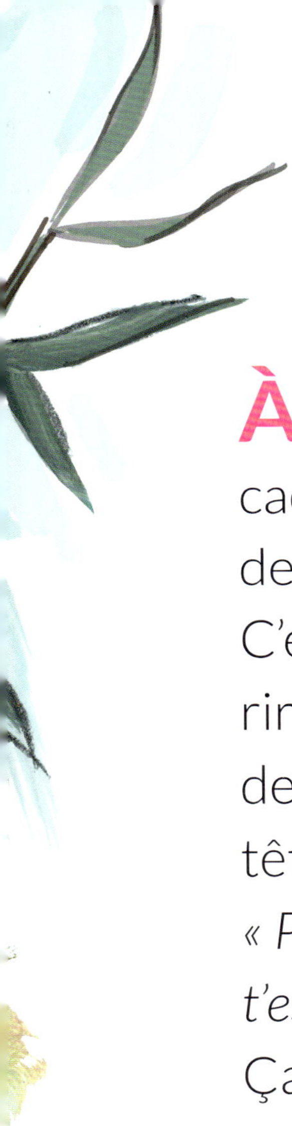

À deux pas de là,
caché derrière des roseaux,
deux gros yeux curieux les observent.
C'est Polo le crapaud. Lui aussi aimerait
rire et s'amuser. Mais on se moque
de lui, on le rejette à cause de sa vilaine
tête. Souvent, il entend :
« Polo le crapaud, t'es moche,
t'es pas beau ! »
Ça lui fait du chagrin...

Mais Louloup et Lili
ne savent pas tout cela ; eux, ils jouent et rient aux éclats. Le volant de plumes s'envole et rebondit dans les airs en sifflant, toujours plus haut, toujours plus loin...
Les petites jambes de Lili n'en peuvent plus.
D'ailleurs, où est passé le volant ?
Il a disparu...

Lili en a assez, elle voudrait tout arrêter. Mais elle doit récupérer le volant égaré. Alors, elle cherche du regard ce qui pourrait y ressembler. Lili regarde à gauche sous les feuilles du fraisier.

Elle jette un œil à droite sous les fleurs
du pourpier. Ça y est, elle pense
l'avoir trouvé !

Lili allonge le bras
mais ne voit pas où elle met les doigts. Elle sent juste quelque chose de mouillé et de froid. C'est dégoûtant, ses doigts s'enfoncent dedans...
Lili fait un bond en arrière.
Elle pousse un cri d'effroi.
— Ahhhhhh !!!!!

Louloup, alerté par les cris de Lili, arrive en courant au bord de l'étang. Il découvre un crapaud tout dégoûtant tenant dans sa main le volant.

— Mais Lili, pourquoi tu cries ? demande Louloup. Tu devrais dire merci à notre ami !

— Il est moche, il me dégoûte, et puis ce n'est pas mon ami !

Louloup **est gêné** de voir
Lili aussi malpolie. Tandis qu'il sourit bêtement, Lili la petite souris s'enfuit.
Elle veut se mettre à l'abri sous la couette, dans son petit lit.
Alors elle court, elle court...
mais elle trébuche et tombe directement dans l'eau de l'étang.

Lili est sonnée.

Son petit corps figé ne répond plus du tout. Elle ne peut rien faire, elle se sent juste avalée par l'eau glacée de l'étang. Le silence et le froid ont fini par l'envelopper. Lili pense à sa maman, à son papa...

Tout à coup,

Lili sent quelque chose de mou et de doux la soulever délicatement à la surface. Ça y est, elle peut enfin respirer ! Mais qui a bien pu la sauver ? Devant elle, de grands yeux curieux l'observent. Elle reconnaît ceux de Polo le crapaud. Elle n'avait pas vu qu'ils étaient si beaux !

—**Lili** est sauvée !
s'écrie Louloup.
Et c'est Polo le crapaud
qui l'a sortie de l'eau !
Bravo Polo, tu es le roi
des crapauds !
Lili est gênée, elle aimerait bien
se faire pardonner d'avoir si mal
jugé son nouvel ami.
Alors Lili, tout simplement,
lui dit :
— Merci.

Aujourd'hui,
le papa de Louloup a taillé dans une planchette une nouvelle petite raquette. Munie d'un pinceau, Lili y a écrit ces quelques mots :
« *Pour Polo, le roi des crapauds* »
— Quel beau cadeau ! s'exclame Polo en bondissant de joie. Nous pouvons maintenant jouer tous les trois !
Et les trois amis rient, ensemble, aux éclats.